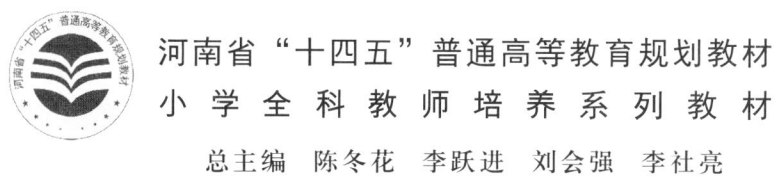

河南省"十四五"普通高等教育规划教材

小学全科教师培养系列教材

总主编 陈冬花 李跃进 刘会强 李社亮

小学教育实习手册

主　编　侯宏业　薛微微
副主编　侯静雯

南京大学出版社

图书在版编目(CIP)数据

小学教育实习手册 / 侯宏业,薛微微主编. —— 南京：南京大学出版社,2021.12(2024.1重印)
ISBN 978-7-305-25242-6

Ⅰ. ①小… Ⅱ. ①侯… ②薛… Ⅲ. ①小学教育－教育实习－高等学校－教材 Ⅳ. ①G622.4

中国版本图书馆 CIP 数据核字(2021)第 262888 号

出版发行	南京大学出版社	
社 址	南京市汉口路 22 号 邮 编 210093	

书　　名　**小学教育实习手册**
　　　　　　XIAOXUE JIAOYU SHIXI SHOUCE
主　　编　侯宏业　薛微微
责任编辑　曹　森　　　　　　　　编辑热线　025 - 83686756

照　　排　南京南琳图文制作有限公司
印　　刷　南京人文印务有限公司
开　　本　787 mm×1092 mm　1/16　印张 7.5　字数 180 千
版　　次　2021 年 12 月第 1 版　2024 年 1 月第 2 次印刷
ISBN　978-7-305-25242-6
定　　价　25.00 元

网址：http://www.njupco.com
官方微博：http://weibo.com/njupco
微信服务号：NJUyuexue
销售咨询热线：(025) 83594756

* 版权所有,侵权必究
* 凡购买南大版图书,如有印装质量问题,请与所购图书销售部门联系调换

编 委 会

编委会主任 刘济良（郑州师范学院）

总 主 编 陈冬花（郑州师范学院） 李跃进（郑州师范学院）

刘会强（河南财政金融学院） 李社亮（河南师范大学）

副总主编 段宝霞（河南师范大学） 李文田（信阳师范学院）

晋银峰（洛阳师范学院） 郭翠菊（安阳师范学院）

井祥贵（商丘师范学院） 丁新胜（南阳师范学院）

田学岭（周口师范学院） 侯宏业（郑州师范学院）

聂慧丽（焦作师范高等专科学校）

编 委 （以姓氏笔画为序）

丁青山 马福全 王 立 王 娜 王铭礼
王德才 田建伟 冯建瑞 权玉萍 刘雨燕
闫 舟 李文田 肖国刚 吴 宏 宋光辉
张杨阳 张厚萍 张浩正 张海芹 张鸿军
张慧玉 陈军宏 周硕林 房艳梅 孟宪乐
赵丹妮 赵国龙 荆怀福 袁洪哲 徐艳伟
郭 玲 黄宝权 黄思记 董建春 薛微微

前　言

同学们好！

祝贺你们即将作为准教师，经历大学学习生涯中最重要的集中性实践教学环节——教育实习。

教育实习是高等师范院校教育计划的重要组成部分，是坚持理论联系实际原则，对学生进行教育专业训练的重要环节，对于提高教育质量，保证培养合格的师资具有重要的意义和作用，也是检验学生技能操作水平的关键过程，是师范生走向工作岗位前的最后一次综合性训练。所有学生均须高度重视、认真对待。2011年教育部颁布的《教师教育课程标准(试行)》对小学教育专业学生的"教育实践与体验"设定了三个目标和九个具体要求，涵盖了课程实践、教育见习和教育实习的各个环节，参与实习的学生和指导教师均应细致学习并借此规范实习活动。在同年颁布的《小学教师专业标准(试行)》中又以"学生为本、师德为先、能力为重、终身学习"为基本理念，对"专业能力"从五个方面提出了23个基本要求，这是我们衡量人才培养质量的重要标准，也是当前师范教育专业认证评估的依据。2019年教育部发布《关于加强和规范普通本科高校实习管理工作的意见》(教高函〔2019〕12号)，进一步对高等学校学生的实习工作提出了具体要求。

与其他教师教育专业不同，小学教育专业学生的教育实习，旨在检验本专业学生业已学习的专业理论知识，培养学生从事小学不同学科教学和班主任工作的初步能力；进一步理解党的教育方针、政策，了解基础教育和教学的实际情况；增强学生从事教育工作的使命感和责任心。同时，教育实习也是进一步检验学校人才培养定位和毕业要求，联系基础教育实际，研究教育改革，促进教学质量持续提升的重要环节。

作为综合性实践教学训练,教育实习包括师德教育、课堂教学观摩与实训、教研活动参与、班队管理、校园文化建设和教育研究实践、基础教育改革调研等多个方面,每个环节均有国家、地方和学校标准或具体要求,不同高校在教学实习环节提出的具体要求或小学管理规范也为大家的实习活动提供参考。在具体的教育实习过程中,还会有高校和小学教师参与的双向多维指导,相信大家会按照本手册所提供的思路顺利完成自己的教育实习。

本手册根据小学教育专业学生教育实习的实际需要,本着规范、实用、完整的原则,结合不同院校小学教育专业学生教育实习的反馈意见,吸收不同高校实习指导教师的建议编撰而成,希望能够帮助参与实习活动的学生、小学和高校指导教师实现教育实习的目标。

目　录

优秀实习手册案例

导航一　思想认识	1
❖ 领会实习文件　牢记实习要求	
1.1　中小学教师职业道德规范	1
1.2　教育实习学生须知	2
1.3　实习前期的资料准备	3
1.4　学生实习动员会	4
1.5　实习安全告知书	6

导航二　实习准备	7
❖ 了解实习学校　拟订实习计划	
2.1　了解实习学校情况	7
2.2　明确教育实习任务	7
2.3　参加实习学校见面会	8
2.4　建立实习活动小组	8
2.5　制订教育实习计划	9
2.6　填写教育实习日志	11

导航三　课堂教学	18
❖ 贴近指导教师　尽快进入角色	
3.1　了解实习班级课程表	18
3.2　填写听课情况记录	23
3.3　编写学科教学设计	46
3.4　反思课堂教学情况	69
3.5　评析重点内容作业	76
3.6　录制教学微课视频	80

导航四　教研活动

❖ **虚心聆听导师研讨　学会反思自身长短**

4.1　教研活动的目的···83

4.2　教研活动的记录···83

导航五　班主任工作

❖ **明确教育政策法规　精心组织班队活动**

5.1　明确班主任职责···88

5.2　熟悉实习班级情况···90

5.3　拟订班主任工作计划···92

5.4　设计反思主题班会···95

导航六　校园文化建设

❖ **理解文化育人内涵　参与班级文化建设**

6.1　了解实习学校文化特色···98

6.2　制订可行的针对性方案···99

导航七　教育实习总结

❖ **全面总结实习过程　规范提交实习材料**

7.1　教育实习总结···100

7.2　教育实习成绩考核···100

导航一　思想认识

领会实习文件　牢记实习要求

1.1　中小学教师职业道德规范

同学们,教师这一职业肩负着传播文化和创造文化的特殊使命,为了能更好地履行这一职责,我们需要对教师的职业规范有较为全面的了解和比较深刻的认识,这样才能在实习工作中提升自己的专业技能,端正学习态度。教师职业道德规范是教师从事教学时必须遵循的行为规范和必备的品德的总和,是引领教师在教学工作中处理自己和领导、同事、学生及学生家长等复杂关系时所遵循的基本道德准则和行为规范。

那么,你认为教师应该遵循哪些职业道德规范呢?请和实习小组的同学认真学习和领会下面的要求,并据此规范自己的实习活动。

新时代中小学教师职业行为十项准则

教师是人类灵魂的工程师,是人类文明的传承者。长期以来,广大教师贯彻党的教育方针,教书育人,呕心沥血,默默奉献,为国家发展和民族振兴作出了重大贡献。新时代对广大教师落实立德树人根本任务提出新的更高要求,为进一步增强教师的责任感、使命感、荣誉感,规范职业行为,明确师德底线,引导广大教师努力成为有理想信念、有道德情操、有扎实学识、有仁爱之心的好老师,着力培养德智体美劳全面发展的社会主义建设者和接班人,特制定以下准则。

一、坚定政治方向。坚持以习近平新时代中国特色社会主义思想为指导,拥护中国共产党的领导,贯彻党的教育方针;不得在教育教学活动中及其他场合有损害党中央权威、违背党的路线方针政策的言行。

二、自觉爱国守法。忠于祖国,忠于人民,恪守宪法原则,遵守法律法规,依法履行教师职责;不得损害国家利益、社会公共利益,或违背社会公序良俗。

三、传播优秀文化。带头践行社会主义核心价值观,弘扬真善美,传递正能量;不得通过课堂、论坛、讲座、信息网络及其他渠道发表、转发错误观点,或编造散布虚假信息、不良信息。

四、潜心教书育人。落实立德树人根本任务,遵循教育规律和学生成长规律,因材施教,教学相长;不得违反教学纪律,敷衍教学,或擅自从事影响教育教学本职工作的兼职兼薪行为。

五、关心爱护学生。严慈相济,诲人不倦,真心关爱学生,严格要求学生,做学生良师益友;不得歧视、侮辱学生,严禁虐待、伤害学生。

六、加强安全防范。增强安全意识,加强安全教育,保护学生安全,防范事故风险;不得在教育教学活动中遇突发事件、面临危险时,不顾学生安危,擅离职守,自行逃离。

七、坚持言行雅正。为人师表,以身作则,举止文明,作风正派,自重自爱;不得与学生发生任何不正当关系,严禁任何形式的猥亵、性骚扰行为。

八、秉持公平诚信。坚持原则,处事公道,光明磊落,为人正直;不得在招生、考试、推优、保送及绩效考核、岗位聘用、职称评聘、评优评奖等工作中徇私舞弊、弄虚作假。

九、坚守廉洁自律。严于律己,清廉从教;不得索要、收受学生及家长财物或参加由学生及家长付费的宴请、旅游、娱乐休闲等活动,不得向学生推销图书报刊、教辅材料、社会保险或利用家长资源谋取私利。

十、规范从教行为。勤勉敬业,乐于奉献,自觉抵制不良风气;不得组织、参与有偿补课,或为校外培训机构和他人介绍生源、提供相关信息。

《新时代中小学教师职业行为十项准则》体现了与时俱进、以人为本的精神,把握了时代脉搏,也体现了国家和社会对"四有"好教师的期盼。作为新时代师范生,在学校实习过程中应时刻以此为行动指南,践行《小学教师专业标准(试行)》和《中共中央国务院关于全面深化新时代教师队伍建设改革的意见》对小学教师的具体要求,以一名正式教师的身份严格要求自己,为将来成为一名优秀教师打下良好基础。

1.2 教育实习学生须知

根据《普通高等学校本科专业类教学质量国家标准》的要求,教育实习是大学生提前了解教学工作、锻炼意志品质、提高教学技能的良好途径,是从学生角色到教师角色的重大转换。在教育实习中,实习生将面临相对独立的工作、学习和生活环境,无论从生活上、安全上还是心理上来说都是一次重大的挑战。因此在学生实习之前,学校教学管理部门和学生所在的教学院系都会协助实习生做好准备工作,以保证教育实习的顺利进行。

实习学生须知

一、认真学习并自觉遵守国家法律、法规,认真履行公民责任和义务,积极参与实习学校的政治学习,践行公民基本道德规范及教师日常行为规范,不做有损国家、学校及教师形象的事。

二、遵守本校和实习学校的一切规章制度。实习期间不迟到、不早退、不缺勤,一般情况不得请假。若有特殊情况请假,需有正当、充分的理由和双方学校批准的书面申请,否则按旷课论处。病假需持有医生开具的证明。

三、明确教育实习的目的,端正态度,按照课程标准和实习计划的要求,认真备课,刻苦钻研教材,深入了解学生,搞好课堂教学,课后深入辅导,认真批改作业,切实保证教学质量;认真做好班主任工作,积极参与教研活动,克服困难,全面完成实习任务。

四、强化自我安全防范意识,自觉遵守本校和实习学校的相关要求。

五、实习生要自觉接受本校及实习学校指导教师的指导,认真备课,虚心求教,尽职尽责完成实习任务。

六、为人师表，以身作则。衣着整洁朴素，语言文明，行为端庄，作风正派，教书育人，成为学生的表率，与实习学校师生建立良好的关系。

七、尊敬师长，团结同学，关心学生。同学之间团结友爱，相互协作，正确开展批评与自我批评，坚决杜绝任何不团结行为。

八、爱护实习学校的环境和教学设备，如有遗失和损坏，按实习学校相关规定赔偿。

九、认真及时填写实习材料，在实习中后期及时进行实习总结，并形成书面材料。填写实习材料须实事求是，若有弄虚作假，个人承担一切后果。

十、实习期间不得单独组织学生进行任何形式的校外活动。

十一、积极主动参加一些力所能及的劳动；实习结束时及时退还所借物品，并做好告别师生工作。

十二、凡违反本守则的，视情节轻重，参照本校学生违纪处理的相关规定执行。对不适合或不能继续参加教育实习的学生，本校将勒令其返校，教育实习成绩按不合格计。

1.3　实习前期的资料准备

实习前期，同学们要完成以下相关资料的准备工作。

准备一：实习生信息统计

为了保证实习的质量，学校会根据相关文件和人才培养方案的对应标准制定本学期或本年度的教育实习工作方案，明确高校指导教师、实习学生、带队教师和小学指导教师的责任，并将所有参与实习学生的基本信息（例如班级、学号、姓名、实习学校、联系电话等）逐一登记存档或者上传到学院的教务管理系统，并据此为后续的实习情况进行成绩评定。如果学院公布的实习生分配信息中没有你的名字或者信息不完整，要立即报告老师更正！

注意：按照教育部《教师教育课程标准（试行）》和《小学教育专业认证标准（试行）》的要求，所有学生都必须集中在本专业的实习基地进行教育实习，任何自行安排的教育实习活动都有可能不被承认！

准备二：购买人身意外伤害保险

虽然学院制订了详细的实习工作方案，参加实习指导的老师也都具有较为丰富的经验，但我们无法预知实习过程中有可能会发生何种意外事件，所以购买人身意外伤害保险是非常有必要的。无论是学校集体购买还是学生自行购买，大家一定不要忽略这个关键。

提醒同学们：如果你不幸在学校教学活动中、在返校回家的路上、抑或是在其他地方，总之只要是在实习期间意外受伤，在寻求同事、领导帮助之外，记得你的保险，保存好相关票据！

准备三：领取教育实习手册

在师范生入校实习之前，请务必认真阅读教育实习手册，以便更好地了解实习过程,清楚各个环节需要留取的资料、填写的表格,并配备档案袋,收录实习期间的一些重要成果,及时上传各种文字、图片和视频材料。

注意:所有表格内容请按实习工作开展的时间顺序依次完成,实习手册中有关小学指导教师的意见和建议要及时填写!

1.4　学生实习动员会

　　实习动员大会是对同学们进行的一项必要的思想教育和实习说明大会,动员会能帮助大家提高对教育实习的重视和对具体环节的了解,从而树立认真负责的正确态度。在动员大会上,首先,明确实习的意义。教育实习是通过目标明确的、系统的实践训练,使实习生的教学能力得到实践检验和发展,有利于加强实践环节在整个人才培养过程中的地位,为学生日后从事小学教育、教学工作打下良好的基础。同时,也能促进教师教育人才培养模式的改革,从根本上提高教师教育的质量。其次,指导老师的帮助和引领,可以帮助实习生正确全面地认识实习活动,疏导心理压力,顺利完成角色转换。另外,为了做好实习生的系统管理工作,在实习动员会上,学生所在的院系会详细解读学校对教育实习工作的总体要求和院系小学教育专业的特点,设计具体实习安排,包括实习内容、实习要求以及实习成绩评定办法等,院系也会提前准备好实习动员大会记录表,各位准备实习的学生应认真记录,有些必要的内容还会让学生现场填写告知书等。

实习动员大会记录表

会议地点		召开时间	
主持人		主讲人	

主要内容：

我的想法：

1.5 实习安全告知书

安全是一切工作的重点,特别是师范生在教育实习的特殊环境下,所有参与实习工作的人员都须从内心认识到安全的重要性,并主动践行安全第一的理念。这里的"安全"主要包括实习学生的安全和小学生的安全两个方面。在实习学生安全告知书中,提醒大家在生活和工作中既要遵守法规,又要保证自己的人身安全,出现问题及时与实习学校领导和本校指导教师、辅导员沟通解决;小学生的安全主要包括在校期间的人身安全和被教师一视同仁地尊重。无论是在教学还是在生活中,所有实习学生均应注意遵守法律法规和教师职业道德规范,保证实习工作的顺利进行。

注意: 为使安全工作落到实处,所有实习学生均须按照学校要求,提前了解安全告知书的相关内容并签字确认。

实习学生安全告知书

根据教育部关于《普通高等学校师范类专业认证实施办法(暂行)》的通知和教育部《关于加强和规范普通本科高校实习管理工作的意见》等文件精神,为增强实习生的安全意识,保证教育实习顺利进行,杜绝安全事故发生,现将教育实习安全要求告知各位实习学生。

一、服从学校管理,遵守实习学校校规校纪,防范和杜绝安全事故发生。

二、遵守交通规则,不乘坐无证、无照及非法营运车辆,因违犯交通规则而产生的事故责任将由个人承担。

三、实习期间未经批准,严禁到江、河、湖泊、水塘玩耍或游泳;注意饮食卫生,严防食物中毒及疾病交叉感染。

四、注意防火,不得私自乱接电线,不得使用电热棒、电磁炉等电器设备,熄灯后禁止使用蜡烛。严禁酗酒、寻衅滋事等违法、违规、违纪行为。

五、注意防盗,贵重物品要妥善保管,并做好宿舍的安全防范措施。注意防骗,不要轻信他人,以防受骗上当。

六、不看黄色书刊、录像,不浏览不健康及非法网站,不结交社会闲杂人员,不进网吧、酒吧、歌舞厅等娱乐场所。

七、尊重实习学校所在地风俗习惯,尤其是少数民族风俗习惯。与人礼貌交往,避免发生冲突。

八、如有疾病或心理异常情况应及时告知学校、学院和实习学校,以便及时处理。

九、了解实习学校应对突发事件的预案,按照预案要求快速、灵活应对校园突发事件。

十、在无实习学校教师直接参与的情况下,不允许组织学生外出活动。

十一、严禁参与"法轮功"邪教组织、传销等非法组织及吸毒、赌博等违法活动。

实习学生签字:
年　月　日

导航二 实习准备

了解实习学校 拟订实习计划

2.1 了解实习学校情况

为了帮助实习生尽快融入实习学校,实习生除了参加和实习学校校长的见面沟通会,大致了解自己将要前往的实习学校的情况,同时还要积极主动地尽快熟悉实习学校的外部环境,诸如地理位置、往来交通、周边环境等。可通过网络查询、往届学生咨询、媒体报道等途径,了解学校的办学历史和办学特色,熟悉学校的教风、学风等基本信息,明确实习学校对教师的具体要求,以便尽快适应自己的实习环境。

我所了解的实习学校

学校全称	
地理位置	
校长姓名	
学校电话	
E-mail	
校训	
办学历史	
办学特色	

2.2 明确教育实习任务

在实习期间,为了更好地提高同学们的教学实践能力,学校为实习生布置了非常具体的实习任务,如填写实习日志、记好听课记录、参加教研活动等等。同时也为每一名实习生配备了专业的指导教师和一线学校的小学指导教师。

为了帮助大家有序完成实习任务,在本实习指南中,根据不同环节的特点设计了相应的表格,提示大家需要完成的学习和工作内容,也给大家留出必要的感悟、感想和思考空间。大家对实习过程中的收获或困惑都可以如实记录,即便当时存在的问题无法完全理解,这也可以为我们实习结束就要进行的毕业论文写作提供基础资料,同时也可以在日后的工作中进行持续研究。

2.3 参加实习学校见面会

实习生进入学校实习,成为一名实习老师,是一个全新的开始,将面对全新的环境。首先实习生要学会处理与学校各个部门的关系;其次要尽快转换角色,一方面成为小学生的老师,另一方面自己又是学生,应多向有经验的老师请教,接受指导老师的意见。

在与实习学校领导和教师的见面会上,校长为实习生介绍实习小学的历史发展、办学理念、师资以及学生的情况,帮助实习生更快融入新环境。实习生也要注意自己的衣着打扮及言行举止,明确自己的身份,把谦卑的心态、敬畏的状态以及满满的正能量呈现给学校的领导和师生。

注意:此时你的一言一行都有可能影响着你的未来,同学们给领导留下美好的第一印象很重要,说不定他就是你未来职业生涯的引路人呢!

2.4 建立实习活动小组

俗话说"集体智慧力量大",在实习过程中,学校还会依托大家所在的班级,根据实习学校或中心校(教办)的分布,建立实习工作小组,由小组长定期向指导教师汇报实习情况。因此,除了向所在学校老师请教之外,还应和一同实习的同学相互交流实习体会,共同解决遇到的困难,这也是促进师范生迅速成长的途径之一。大家通过建立网络联系群或进行当面沟通,可以起到相互鼓励、相互促进的作用,也可以解决大家在实习中遇到的很多问题,增强实习的责任心和自信心,为同学们顺利完成实习任务提供基本的组织保证。

实习小组联系备忘表

实习学校	
实习小组组长	
小组成员 (姓名、所在班级、联系电话)	

2.5 制订教育实习计划

  2014年,教育部启动了小学卓越教师培养改革项目,鼓励高校开展小学全科教师培养的实践探索。作为新时代小学教育专业师范生,我们在小学实习的过程中,不仅会参与自己主教学科的教学工作,还会涉及其他学科的教学探索,即全科教学的实践活动,其中主要涵盖教师职业道德、理论课程教学、实践课程教学和班队管理等,这些都需要同学们在自己的实习计划中提前筹划,并在具体实践中详细记录,为教学反思和毕业论文提供鲜活的案例。明确的实习计划能帮助你达到良好的实习效果,也会有利于老师更好地协助你。当然,在实施的过程可以根据实际情况在指导老师的帮助下适时调整并做出必要的说明。

教育实习计划表

实习学校		实习地点	
实习起讫时间			
实习班级		学生人数	
高校实习指导教师		实习小学指导教师	
教学工作计划(内容及时间安排)			

(续表)

2.6 填写教育实习日志

　　撰写日志能帮助实习生很好地理清自己的教学思路,并能站在科学的角度更好地设计各类教学活动,不断充实教学内容,规范教学行为,丰富教学经验,提高教学水平。需要注意的是,日志和日记有着本质的不同,日志必须把一天中发生的事情全部详实地记下来,语言表达要求平实准确,不夹杂任何个人情感成分,可以给很多人看,而日记是选择一天中最有意义的值得记下来的事情即可,语言风格不限,可以谈自己的感受,一般不公开。

　　注意: 有了前面进行的几次教育见习和教育研习积累,这次的教育实习还要为毕业论文撰写收集教学案例,当然,填写实习日志既可以显性体现自己完成教育实习的过程,又可以为全面总结和反思自己的实习经历提供文本依据。

实习日志

实习日期(自_____年_____月____日至_____年_____月_____日)

周次	时间	地点	主要任务或内容	备注
第___周				
第___周				
第___周				
特殊情况说明				

周次	时间	地点	主要任务或内容	备注
第　周				
第　周				
第　周				
特殊情况说明				

周次	时间	地点	主要任务或内容	备注
第　周				
第　周				
第　周				
特殊情况说明				

周次	时间	地点	主要任务或内容	备注
第 周				
第 周				
第 周				
特殊 情况 说明				

周次	时间	地点	主要任务或内容	备注
第　周				
第　周				
第　周				
特殊情况说明				

周次	时间	地点	主要任务或内容	备注
第　周				
第　周				
第　周				
第　周				
特殊情况说明				

导航三 课堂教学

贴近指导教师　尽快进入角色

微课实录
说课视频

在教育实习中,指导教师会帮助大家了解儿童的身心特点,提高教学技能,丰富教学经验,并能帮助大家逐步顺利完成从新手教师到合格教师的过渡。他们还会帮助你解决实习过程中遇到的困惑,处理好各种人际关系。虽然在指导教师面前你还是名学生,但在小学生和家长眼里,你就是一名教师。因此,同学们要紧跟指导教师,虚心听从老师的建议,尽快进入实习教师的角色。

3.1　了解实习班级课程表

基于国家多年来对基础教育阶段城乡教育均衡发展的要求,所有小学(包括农村小学和教学点)都会根据课程开设的要求,拟定契合本校实际的课程表,还有一些学校开设了富有地域特色的校本课程和课外拓展活动。2017年教育部下发了《关于做好中小学课后服务工作的指导意见》,2021年7月,中共中央办公厅、国务院办公厅印发了《关于进一步减轻义务教育阶段学生作业负担和校外培训负担的意见》,许多学校开始据此提供丰富多彩的延时服务内容,还有一些同学实习的小学本身就是寄宿制学校,这些都对我们的实习活动提出了新的期望。这既是我们全面锻炼自己教学活动的新机遇,也是检验我们学习成果的新挑战,同学们在实习前应有足够的认识和准备。

做好了前面两项导航充分准备之后,就开始正式进入课堂教学板块了。在这个环节中,应尽快了解所在实习班级的名称、人数及课程信息等,以便安排好听课计划。根据小学教育专业,特别是小学全科教师培养的要求,同学们在实习的过程中会涉及不同班级的多学科教学活动,大家可以在下面详细记录班级课程开设情况,熟知自己从教学科的时间、地点,根据学科课程标准准备自己的教学活动。

实习班级课程表

班级名称: 班级人数:

	周一	周二	周三	周四	周五	周六	周日
第一节							
第二节							
第三节							
第四节							
第五节							
第六节							
第七节							
第八节							
第九节							
第十节							

实习班级课程表

班级名称：　　　　　　　　　　　　　　　　　　　**班级人数：**

	周一	周二	周三	周四	周五	周六	周日
第一节							
第二节							
第三节							
第四节							
第五节							
第六节							
第七节							
第八节							
第九节							
第十节							

实习班级课程表

班级名称： 班级人数：

	周一	周二	周三	周四	周五	周六	周日
第一节							
第二节							
第三节							
第四节							
第五节							
第六节							
第七节							
第八节							
第九节							
第十节							

实习班级课程表

班级名称：　　　　　　　　　　　　　　　　　　　　　　　　班级人数：

	周一	周二	周三	周四	周五	周六	周日
第一节							
第二节							
第三节							
第四节							
第五节							
第六节							
第七节							
第八节							
第九节							
第十节							

3.2　填写听课情况记录

　　了解完班级课程表和班级的基本情况后,大家就进入实习工作中的听课环节了。认真细致地聆听指导教师的课堂教学,深刻思考和汲取别人的优势特色,既是作为实习生的基本义务,也是进行课堂教学的必要铺垫。那么,怎样听课才能最有效呢?

　　首先,要全神贯注,主要听指导教师的教学语言,如何突出教学的重难点,怎样渗透新课程理念,以及教学策略和教学评价等。

　　其次,要注意观察教师的教态、板书、教具的合理运用,以及怎样组织教学、如何把控课堂氛围,调节学生的整体状态等。

　　再次,详细做好听课记录,完整记录课堂的整个教学过程、师生的问答及互动情况,做到详略得当、文字精练,为课后反思提供依据。

　　最后,课后多思考。想一想教师根据教学内容选择教学方法的原因,怎样体现课标要求,如何把握班级特点,有哪些创新或启发等,如果你来教学,你会如何设计?

　　听课的目的是为了向指导教师学习,以提高自己作为未来小学教师的教学技能,因此需要做好听课情况记录,以便更好地向小学指导教师学习每门课程教学设计的整体教学思路,为接下来自己的课程教学做好准备。

听课情况一览表(一)

序号	日期	星期	节次	班级	授课教师	教学内容(章节)	备注

听课情况一览表(二)

序号	日期	星期	节次	班级	授课教师	教学内容(章节)	备注

听课记录表(一)

授课教师		科目		时间		班级	
授课内容 （章节）							

授课过程	即时评议

(续表)

	授课过程	即时评议

听课后点评	发现一个优点	
	提出一条建议	
	写下一句反思	

总体评议及建议	

听课记录表(二)

授课教师		科目		时间		班级	
授课内容 (章节)							

授课过程	即时评议

(续表)

	授课过程	即时评议

听课后点评	发现一个优点	
	提出一条建议	
	写下一句反思	

总体评议及建议	

听课记录表(三)

授课教师		科目		时间		班级	
授课内容 (章节)							

授课过程	即时评议

（续表）

	授课过程	即时评议

听课后点评	发现一个优点	
	提出一条建议	
	写下一句反思	
总体评议及建议		

听课记录表(四)

授课教师		科目		时间		班级	
授课内容 (章节)							

授课过程	即时评议

（续表）

授课过程	即时评议

听课后点评	发现一个优点	
	提出一条建议	
	写下一句反思	

总体评议及建议	

听课记录表(五)

授课教师		科目		时间		班级	
授课内容 (章节)							

授课过程	即时评议

（续表）

	授课过程	即时评议

听课后点评	发现一个优点	
	提出一条建议	
	写下一句反思	

总体评议及建议	

听课记录表(六)

授课教师		科目		时间		班级	
授课内容（章节）							

授课过程	即时评议

(续表)

授课过程	即时评议

听课后点评	发现一个优点	
	提出一条建议	
	写下一句反思	

总体评议及建议	

听课记录表(七)

授课教师		科目		时间		班级	
授课内容 (章节)							

授课过程	即时评议

(续表)

授课过程	即时评议

听课后点评	发现一个优点	
	提出一条建议	
	写下一句反思	

总体评议及建议	

听课记录表(八)

授课教师		科目		时间		班级	
授课内容（章节）							

授课过程	即时评议

(续表)

	授课过程	即时评议

听课后点评	发现一个优点	
	提出一条建议	
	写下一句反思	

总体评议及建议	

听课记录表(九)

授课教师		科目		时间		班级	
授课内容 (章节)							

授课过程	即时评议

(续表)

授课过程	即时评议

听课后点评	发现一个优点	
	提出一条建议	
	写下一句反思	

总体评议及建议	

听课记录表(十)

授课教师		科目		时间		班级	
授课内容 （章节）							

授课过程	即时评议

(续表)

授课过程	即时评议

听课后点评	发现一个优点	
	提出一条建议	
	写下一句反思	

总体评议及建议	

3.3 编写学科教学设计

教学设计是对教师教的行为和学生学的方法的总体规划,是教师反思教学、总结经验、提升专业能力的重要环节。一个规范的教学设计主要包含:教材分析、学情分析、教学目标、教学过程和教学评价等环节要素。

教学设计的主要依据是各个科目的课程标准,而课程目标的确定又与本专业的毕业要求密切相关。同学们若想上好一堂课,需要做好充分的准备,可以根据在师范院校学习的相关教育学理论知识和技能训练积累的经验精心规划。优秀教师的课堂教学之所以兼具深度和广度,并且能够采用适合自己学生的灵活的教学方法,主要在于课前充分的思考与准备,对教材、对学生有准确的分析定位,加之有效设计教学过程的导入、知识呈现、操练、巩固以及评价等环节。在本导航处二维码中提供了一些说课的案例,大家可扫码观看。

下面将根据教学设计的过程性整体要素,回顾如何撰写教学设计。

3.3.1 学情分析

著名教育家奥苏伯尔说:"影响学生学习新知的唯一重要的因素,就是学生已经知道些什么。"教师做好学情分析是教学的起点,并要据此开展教学活动。学情分析的内容涉及面非常宽,很多因素都有可能影响学生的学习,例如学生现有的知识基础、学生的兴趣点、学生的思维特点、学生的认知状态和发展规律;学生生理心理状况、学生个性及其发展状态和发展前景;学生的学习动机、学习态度、学习风格、学习效果、生活环境;学生的最近发展区、学生感受、学生成功感等,这些都是进行学情分析的切入点,多方了解和准确把握小学生的认知特点、身心发展状况显得尤其重要。教师应该根据教学内容的需要确定学情分析的重点。

一般认为,学情分析的基本内容主要包括以下方面:

第一步,了解学生所实习班级的学生年龄特征是什么?

第二步,考查学生的学习基础如何?

第三步,调查学生的学习动机及兴趣是什么?

第四步,学生的自我效能感如何?

3.3.2 教材分析

在进行学情分析后,下一个环节就是教材分析。教材分析对设计教学目标、选择教学方法、组织教学活动起着至关重要的作用。教科书是教师上课的主要载体,特别是国家在义务教育阶段推行统编教材之后,课堂教学的大多数活动都围绕相对稳定统一的教材进行设计。全面把握教材内容是上好课的关键,但同学们在使用教材时要树立"用教材教"的理念,因为教材不是唯一的课程资源,可依据课程标准结合学生的特点及教学的实际情况对教材进行二次开发。

在进行一个新的单元教学前,可围绕以下问题进行思考:

本单元的主要内容是什么?

通过本单元的学习,学生应达到哪些目标?

教学的重点和难点在哪里?

学生的实际水平能否接受教材内容?

3.3.3 教学目标

教学目标是指希望学生达到的预期效果,是课程目标的具体化,也是教师完成教学任务所要达到的要求和标准。教学目标的设计要秉持面向全体学生的理念,在学生的最近发展区内设计目标,让学生通过努力能够达到。依据教材分析、学情分析、课程标准,在具体设计时要遵循 SMART 原则,目标内容主要包括 ABCD 四个要素。具体原则和要素如下表所示。

教学目标的 SMART 原则	ABCD 四要素
Specific 具体化 Measurable 可操作性 Achievable 可达成性 Realistic 可操作性 Timing 时间性	Audience 教学对象 Behavior 行为 Condition 条件 Degree 标准

3.3.4 教学方法

一节课能否达到预期的教学目标,相当一部分原因取决于教学方法的选择和教学手段的运用。教学有法,但无定法,贵在得法。相信同学们在校学习教学论时,老师也一定教了你很多教学方法。但是一节课短短 40 分钟,如何选择有效的教学方法才能达成目标呢? 自然要根据课程的性质、教学目标、教学内容学生特点及教师自身的特点选择教学方法。

在授课过程中,教学手段的运用也要遵循适度的原则,现代社会自媒体空前发达,多媒体教学在小学课堂运用很普遍,但是如果一节课总是让孩子们盯着多媒体并不妥当,因为这可能隔离学生和老师的情感连接,也会对学生的专注力培养留下遗憾。所以在使用多媒体时要当用则用,不能为了用而用。

3.3.5 教学过程

教学过程是教学设计的主体部分,不同类型的课程会有不同的教学过程。但是每一节课都大致包括导入、知识呈现、操练、拓展和总结几个环节。

导入环节是课堂教学活动的第一步。"良好的开始是成功的一半",尽管导入的时间一般在 3 分钟左右,但是它是达成教学目标的重要环节,如果导入成功,激发了学生的学习兴趣和好奇心,就可以为接下来的环节奠定良好的基础。导入的方式有多种,比如温故导入、自由交谈、游戏导入、故事导入、直观导入、情境导入等。同学们在选择导入方式时可以根据教学内容、学情分析和教师的个性灵活选择。

呈现知识是指教师运用合适的方法，向学生传递一节课新的知识点，使学生能感知、理解并达到掌握知识的过程。呈现知识的方式多种多样，比如多媒体展示、借助图片展示等。示范是呈现知识经常运用的一种方式，在示范时要注意立足教材，设计教学重点时遵循直观性、趣味性等原则。

操练环节是将新知识转化为学生掌握知识的训练过程。操练可以分为机械操练和意义操练。机械操练常分为全班操练、大组操练、个别操练等。意义操练是指在机械操练的基础上引导学生通过游戏或者交流信息，达到教学目标。

拓展环节主要是指教师利用现有的教材，从学生的实际水平出发，考虑到教材的前后关联和课外学习的知识运用，通过对教材内容的深挖、整合、补充和延伸，鼓励学生举一反三、发散思维。在设计拓展环节时要挖掘教材与日常生活相结合的素材，为学生提供具有生活性、时代性和文化性的学习内容，实现小学课程标准中提出的保护和培养小学生学习兴趣的目标。

课堂总结是整个教学过程的结束环节，根据心理学理论中关于记忆特点的阐述，个体往往对事物的开头和结束部分记得最为牢固。因此，课堂总结有助于更好地掌握知识点，完成教学目标。在这个环节，教师需要带领学生一起梳理本节课的重难点，充分发挥板书的作用，将一节课的授课内容系统化、条理化。

注意：基于对以上知识的回顾，同学们在实习学校试讲之前一定要有详细、规范、完整的教学设计，并将自己的教学设计通过实习小组交流、指导教师修改等环节确定下来，经过说课、讲试之后还要继续修改，同时注意在下面的表格中留下修改记录。这里提供了相关说课的视频，同样可以通过扫描导航三处的二维码观看。

教学设计(一)

学生姓名：_____ 实习学校：_____
授课班级：_____ 授课时间：_____ 指导教师：_____

授课题目 (包括教材 及章节名)		计划 学时	
教学目标			
教学重点			
教学难点			
教材分析			
学情分析			
教学方法			
教学准备			

时间	师生行为	教学环节	
		教学过程	设计意图

时间	师生行为	教学环节	
		教学过程	设计意图

板书设计	
教学流程图	
学生自我评价及反思	
指导教师评价	指导教师(签名) 年 月 日

教学设计(二)

学生姓名:_____ 实习学校:_____
授课班级:_____ 授课时间:_____ 指导教师:_____

授课题目 (包括教材 及章节名)		计划 学时	
教学目标			
教学重点			
教学难点			
教材分析			
学情分析			
教学方法			
教学准备			

时间	师生行为	教学环节	
		教学过程	设计意图

时间	师生行为	教学环节	
		教学过程	设计意图

板书设计	
教学流程图	
学生自我评价及反思	
指导教师评价	指导教师（签名） 　　年　月　日

教学设计(三)

实习学生：_____ 实习学校：_____
授课班级：_____ 授课时间：_____ 指导教师：_____

授课题目 （包括教材 及章节名）		计划 学时	
教学目标			
教学重点			
教学难点			
教材分析			
学情分析			
教学方法			
教学准备			

时间	师生行为	教学环节	
		教学过程	设计意图

时间	师生行为	教学环节	
		教学过程	设计意图

板书设计	
教学流程图	
学生自我评价及反思	
指导教师评价	指导教师(签名) 年 月 日

教学设计(四)

实习学生：_____ 实习学校：_____
授课班级：_____ 授课时间：_____ 指导教师：_____

授课题目 （包括教材 及章节名）		计划 学时	
教学目标			
教学重点			
教学难点			
教材分析			
学情分析			
教学方法			
教学准备			

时间	师生行为	教学环节	
		教学过程	设计意图

时间	师生行为	教学环节	
		教学过程	设计意图

板书设计	
教学流程图	
学生自我评价及反思	
指导教师评价	指导教师(签名) 　　年　月　日

教学设计(五)

实习学生：_____ 实习学校：_____
授课班级：_____ 授课时间：_____ 指导教师：_____

授课题目 （包括教材 及章节名）		计划 学时	

教学目标	
教学重点	
教学难点	
教材分析	
学情分析	
教学方法	
教学准备	

时间	师生行为	教学环节	
		教学过程	设计意图

时间	师生行为	教学环节	
		教学过程	设计意图

板书设计	
教学流程图	
学生自我评价及反思	
指导教师评价	指导教师(签名) 年　月　日

3.4 反思课堂教学情况

教学反思,是指教师通过对自身业已进行的教学活动进行理性观察与矫正,旨在提高自己教学能力的深度思维活动,也是教师分析教学技能的一种技术。进行教学反思的主要目的在于促使教师的教学参与更为主动,专业发展更为积极,这是改进教师教学设计、促进教学质量提高的有效途径。教学反思一直以来是教师提高个人业务水平的一种有效手段,教育上有成就的教师也一直非常重视教学反思。著名教育家于漪有句名言,"我上了一辈子课,教了一辈子语文,但还是上了一辈子深感遗憾的课。我做了一辈子教师,一辈子在学做教师!"作为中国首批语文特级教师、当代著名语文教育家,于漪一辈子都执着于专业的提升,虚怀若谷,始终保持着一颗谦卑、反思的心。可见教学反思的重要性。

那么,同学们在授课后可以做哪些分析呢? 一般来讲,为了确保教育实习的有效性,上完一节课后应该依据小学教育专业教育实习的既定任务,从授课内容、教学方法、教学效果等方面在实习小组进行必要的研讨交流,也可以借助学校每周的教研活动进行,并请实习指导教师帮助自己进行较为全面的评价。

为帮助大家梳理教学反思的基本思路,我们对后面的表格进行了整理,供同学们参考,大家可以选择自己授课过程中最有代表性的案例进行分析。同时这里也提供了小学语文、数学、英语三节课的视频资料供大家学习,可扫码导航处二维码获取。

授课情况分析与教学反思（一）

科目		授课内容 （章节）			
课程类型		授课时间		授课班级	
授课内容及授课过程概要					
学生学习情况分析					
实习小组评议建议					

指导教师意见建议	签名： 年　　月　　日
修订教学设计(过程)的原因和思路	
授课收获与不足	

授课情况分析与教学反思(二)

科目		授课内容 (章节)			
课程类型		授课时间		授课班级	
授课内容及授课过程概要					
学生学习情况分析					
实习小组评议建议					

指导教师意见建议	签名： 年　　月　　日
修订教学设计(过程)的原因和思路	
授课收获与不足	

授课情况分析与教学反思(三)

科目		授课内容 (章节)			
课程类型		授课时间		授课班级	
授课内容 及授课过 程概要					
学生学习 情况分析					
实习小组 评议建议					

指导教师 意见建议	签名： 年　月　日
修订教学 设计(过 程)的原因 和思路	
授课收获 与不足	

3.5 评析重点内容作业

在小学各学科的教学内容设计中,既有单元知识体系和教学目标,也有各个课时的教学重点和教学难点,它们相互依存、互为支撑,共同实现课程标准设定的教学目标。因此,在教学活动中,同学们可以选定其中的重点内容作为自己教学反思的对象,在作业布置中贯彻"学为中心"的理念,引导学生开展自主学习,实施作业多维评价。通过重点教学内容的作业评析,反向思考教师教学的效果,为后续的教学活动提供改进参考。

从学生的作业情况中,教师可以了解到学生是否掌握了重难点。因此教师在课堂中必须进行作业评析,评析的过程也是学生再次学习的过程,对学生的学习有着非常重要的作用。在评析过程中教师要分析哪些知识点、题型是容易出错的地方,并反思为什么容易出错,是自己的教学方式问题还是所学内容超出了学生的最近发展区等,以便及时调整教学内容和教学方法。为日后教学质量的持续提升和个人的专业成长积累经验。

导航三 课堂教学

重点教学内容作业评析与教学改进(一)

科目			年级	
教学内容				
作业内容				
习题解答状况描述				
错题原因分析				
改进策略				

重点教学内容作业评析与教学改进(二)

科目		年级	
教学内容			
作业内容			
习题解答状况描述			
错题原因分析			
改进策略			

重点教学内容作业评析与教学改进（三）

科目			年级	
教学内容				
作业内容				
习题解答状况描述				
错题原因分析				
改进策略				

3.6 录制教学微课视频

微课(Microlecture)是近年来发展迅速又非常受学生欢迎的一种学习方式。为了与时俱进地促进现代教育技术与基础教育和课堂教学的深度融合,同学们需要对微课教学有一个深入的认识。

"微课"既有别于传统单一资源类型的教学课例、教学课件、教学设计、教学反思等教学资源,又是在其基础上继承和发展起来的一种新型教学资源。所谓微课是指运用现代融媒体技术,按照学生认知规律,呈现碎片化学习内容、过程及扩展素材的结构化数字资源,微课的教学内容一般具有相对完整和独立成课的特点,大多围绕一个知识点进行,利于学生反复学习,深入理解,因此,微课也是翻转课堂的主体支撑。

根据小学生的认知特点和学习规律,"微课"的时长一般为5—8分钟,最长不宜超过10分钟。因此,相对于传统的40或45分钟一节课的教学课例来说,"微课"可以称为"课例片段"或"微课例"。同学们需要利用实习学校的优质资源和先进教学设备,积极主动地进行微课教学实录。在进行微课教学时,要涉及一节课的教学设计、素材课件、教学反思、练习测试及学生反馈、教师点评等辅助性教学资源。这里提供两段微课案例(小学语文微课和小学数学微课)资源供同学们参考,可扫描导航处二维码获取。

教学微课实录

教学微课照片	教学微课照片
教学微课设计说明(一)	教学微课设计说明(二)

教学微课实录

教学微课照片	教学微课照片
教学微课设计说明(三)	教学微课设计说明(四)

导航四　教研活动

虚心聆听导师研讨　学会反思自身长短

4.1　教研活动的目的

"教而不研则愚,研而不教则虚。"教研活动是小学教师教学活动不可或缺的重要组成部分,与课堂教学的准备和实施不同,它主要是以促进学生全面发展和教师专业成长为目的,以课程教学过程中教师面对的各种问题为研究对象,以课堂教学团队或专业研究人员为合作伙伴的实践性研究活动。其目的在于提升教师专业素质,提高教师的课程教学实践能力和反思能力。教学与教研密不可分,平时只有多参加学校的教研活动,才能促进自身的专业发展,进而提升课堂教学的水平。

在实习期间,学校都会定期举办各个学科的教研活动,围绕课堂教学的各种问题进行讨论切磋,在交流、反思中更加准确地把握各个学科的课程标准,取长补短,形成个人特色,促进教学质量的持续提高。一定要抓住这个难得的机会,积极参加教研活动,认真总结自己在教学和管理方面的得失。

4.2　教研活动的记录

俗话说"再好的脑袋瓜不如烂笔尖"。为了提升教研活动的有效性,同学们不但需要认真倾听每位老师的交流发言,思考别人取得良好教学成效的原因和具体实施方法,还要认真记下教研活动情况,从指导教师们对教学的现场点评中,你一定会受到不少启发,获得长足的发展。因为每个老师的思维方式不同,视角不同,针对一节课如何讲授的方法和个人特点也会存在较大差异,但一般都会围绕课标进行个性化教学设计。众人拾柴火焰高,站在优秀教师的肩膀上,你一定会成长得更快!参与教研活动要及时撰写收获和感悟,记录格式可以参考如下表格。

实习生参与教研活动记录(一)

地点： 时间：

教研组	
教研主题	
参加人员	
教研内容	

教研内容	
启发感悟 总结思考	

实习生参与教研活动记录(二)

地点： 时间：

教研组	
教研主题	
参加人员	
教研内容	

教研内容	
启发感悟 总结思考	

导航五　班主任工作

明确教育政策法规　精心组织班队活动

如果有人问,"在你的小学学习生涯中,印象最深的老师是谁",多数同学会毫不犹豫地回答"我的班主任某某老师"。由此可见,班主任所表现出的独特的人格魅力会让你永生难忘,她(或他)不但影响了你的价值观,成为你启蒙教育的引领者,也会帮助你养成很好的学习习惯。现在,你在实习期间有可能根据学校安排担任班主任或者班主任助手,也许当了班主任后,因为你的教育会对你们班小学生的未来产生积极重要的影响,想到这个光荣使命,是不是感到很兴奋和激动呢?

5.1　明确班主任职责

班主任是一个班级的灵魂和旗帜,也是学生在校期间朝夕相伴的引路人。身为班主任,既要教学生学习知识,还要教育学生如何做人、如何处事、如何生活。而作为一个老师,还要完成学校的管理任务,所以,若想成为一名合格甚至优秀的班主任,不仅要求具备很强的责任意识和管理能力,还要自身保持身心健康,乐观开朗。只要明确了班主任的职责,做好班级管理规划,相信你的班主任经历会变得充实而有意义。同学们在实习期间,参与实习班主任工作的方式一般有三种:担任班主任工作、担任副班主任或者班主任助手。一般情况下实习小学多会根据高校的要求,至少安排实习生以两种方式参与班级管理。

下面提供给大家的是教育部关于班主任工作的规定,希望可以协助你更好地明确班主任工作的职责,规范自己的言行举止。请同学们认真阅读并参照实施。

中小学班主任工作规定
(2009 年 08 月 24 日)
第一章　总　则

第一条　为进一步推进未成年人思想道德建设,加强中小学班主任工作,充分发挥班主任在教育学生中的重要作用,制定本规定。

第二条　班主任是中小学日常思想道德教育和学生管理工作的主要实施者,是中小学生健康成长的引领者,班主任要努力成为中小学生的人生导师。

班主任是中小学的重要岗位,从事班主任工作是中小学教师的重要职责。教师担任班主任期间应将班主任工作作为主业。

第三条　加强班主任队伍建设是坚持育人为本、德育为先的重要体现。政府有关部门和学校应为班主任开展工作创造有利条件,保障其享有的待遇与权利。

第二章 配备与选聘

第四条 中小学每个班级应当配备一名班主任。

第五条 班主任由学校从班级任课教师中选聘。聘期由学校确定,担任一个班级的班主任时间一般应连续1学年以上。

第六条 教师初次担任班主任应接受岗前培训,符合选聘条件后学校方可聘用。

第七条 选聘班主任应当在教师任职条件的基础上突出考查以下条件:

(一) 作风正派,心理健康,为人师表;

(二) 热爱学生,善于与学生、学生家长及其他任课教师沟通;

(三) 爱岗敬业,具有较强的教育引导和组织管理能力。

第三章 职责与任务

第八条 全面了解班级内每一个学生,深入分析学生思想、心理、学习、生活状况。关心爱护全体学生,平等对待每一个学生,尊重学生人格。采取多种方式与学生沟通,有针对性地进行思想道德教育,促进学生德智体美全面发展。

第九条 认真做好班级的日常管理工作,维护班级良好秩序,培养学生的规则意识、责任意识和集体荣誉感,营造民主和谐、团结互助、健康向上的集体氛围。指导班委会和团队工作。

第十条 组织、指导开展班会、团队会(日)、文体娱乐、社会实践、春(秋)游等形式多样的班级活动,注重调动学生的积极性和主动性,并做好安全防护工作。

第十一条 组织做好学生的综合素质评价工作,指导学生认真记载成长记录,实事求是地评定学生操行,向学校提出奖惩建议。

第十二条 经常与任课教师和其他教职员工沟通,主动与学生家长、学生所在社区联系,努力形成教育合力。

第四章 待遇与权利

第十三条 学校在教育管理工作中应充分发挥班主任的骨干作用,注重听取班主任意见。

第十四条 班主任工作量按当地教师标准课时工作量的一半计入教师基本工作量。各地要合理安排班主任的课时工作量,确保班主任做好班级管理工作。

第十五条 班主任津贴纳入绩效工资管理。在绩效工资分配中要向班主任倾斜。对于班主任承担超课时工作量的,以超课时补贴发放班主任津贴。

第十六条 班主任在日常教育教学管理中,有采取适当方式对学生进行批评教育的权利。

第五章 培养与培训

第十七条 教育行政部门和学校应制订班主任培养培训规划,有组织地开展班主任岗位培训。

第十八条 教师教育机构应承担班主任培训任务,教育硕士专业学位教育中应设立中小学班主任工作培养方向。

第六章 考核与奖惩

第十九条 教育行政部门建立科学的班主任工作评价体系和奖惩制度。对长期从事班主任工作或在班主任岗位上做出突出贡献的教师定期予以表彰奖励。选拔学校管理干部应优先考虑长期从事班主任工作的优秀班主任。

第二十条　学校建立班主任工作档案,定期组织对班主任的考核工作。考核结果作为教师聘任、奖励和职务晋升的重要依据。对不能履行班主任职责的,应调离班主任岗位。

第七章　附　则

第二十一条　各地可根据本规定,结合当地实际情况,制定中小学班主任工作的具体实施办法。

第二十二条　本规定自发布之日起施行。

5.2 熟悉实习班级情况

在实习的过程中,班级工作也是我们应该完成的多项任务之一,参与班级管理工作有助于巩固所学专业知识,提升师范生的职业能力,还能帮助大家在实践中了解班主任工作的要求,培养自己的专业能力和职业道德情感。在明确了班主任的工作职责后,同学们是不是迫不及待地希望尽快付诸实践呢？古人云:"知己知彼方能百战不殆。"为了让班级管理工作顺畅有序地进行,在担任班主任工作之前,首先需要了解班级学生的基本情况,特别是班级学生的特点、优势和不足,这样才能做到因材施教,有的放矢,为后续班主任工作计划的制订提供依据。

因此,希望大家做到如下几点:第一,认真学习原班主任的工作方法与经验,听取有关班级情况的介绍,了解本学期班级工作计划,查阅有关学生的学籍资料,明确班级工作的目标要求等。第二,认识全班学生,了解班级学生干部的工作能力。第三,结合实际情况,拟定班主任工作实习计划,送原班主任签署意见同意后执行。遇到问题应及时与实习小组研究,并向原班主任汇报请示,做到相互配合,保证教育要求的一致性。第四,实习班主任工作期间,要记好工作日记,注意积累有关教育活动资料。第五,认真撰写实习班主任工作总结,检查班主任工作实习计划执行情况,由原班主任和带队教师及实习小组全体成员认真评议,最后由原班主任对每个实习生做出专项书面评价。

实习班级基本情况分析表

班　级		学生人数		班主任	
班级基本情况（实习初期从班主任处了解的情况）					
班级基本情况（实习班主任工作后了解的情况）					

5.3 拟订班主任工作计划

  凡事预则立,不预则废。目标明确,规划合理是开展班级管理工作的前提。了解了班级的基本情况后,同学们需要结合自己的特点,在与实习学校的指导老师充分沟通交流的前提下,制订切实可行的班主任工作计划。这里需要注意的是,由于实习学生特定的身份限制,在制订实习班主任工作计划时,可以不必过于详细,以免执行中无法落实。各种活动的开展一定要和原班主任商议并经实习学校同意后才能实施。

实习班主任工作计划

班级基本情况	
本学期的班级管理的主要目标	
日常班级工作	
具体工作计划（包括周次和主要内容）	

班主任工作计划(续)

5.4 设计反思主题班会

班会是对小学生进行日常学习管理和思想教育的重要途径,主要分为常规班会和主题班会。常规班会一般是按照课程表上规定每周一次的班级例会。主题班会是根据学生在学校学习情况和学生的行为表现以及突发事件而召开的临时性专题会议,一般会围绕一个主题,在教师的引导下借助班级每个同学的智慧和力量,充分发挥每个同学的积极性和主动性,并在全班同学思想沟通一致的情况下制定相关规则。主题班会可以营造和谐的班集体氛围,培养学生的民主意识和理解沟通能力。组织主题班会是实习生在班主任工作实习期间的一项非常重要的任务,因此,大家应该重视会前了解、会中引导和会后总结等,并结合自己所学专业知识反思主题班会取得的成效和存在的问题,以便更好地取得学生、同行和家长的支持。

主题班会设计及反思

活动主题	
活动时间	活动地点

活动目的：

活动设计：

过程记录：

指导教师意见：

签名：

年　　月　　日

反思与总结：

导航六　校园文化建设

理解文化育人内涵　参与班级文化建设

6.1　了解实习学校文化特色

学校文化建设是学校可持续发展的动力,是学校历史积淀的外在显现,也是体现学校综合办学水平的标志。每一所小学都有其自身的文化特色,它是一个学校区别于其他学校的重要标志,也是学校生存和发展的关键因素。了解自己实习学校的文化特色,有助于结合校园文化对学生开展相关的教育,并渗透到班级文化建设中,这也是小学环境育人的重要表现。只要同学们细心观察,可以看到学校的大门、教学楼、办公楼、操场等地方风格一致的宣传,还有学校的教风、学风,各班的班级座右铭等,仔细品读会让自己的实习经历与体验更加丰富、更有深度。

调查学校文化特色主要内容

学校的传统	
校园设施建设	
校风建设	
教风建设	
学风建设	
班风建设	
学校人际关系建设	
仪式	
规章制度	
印象最深刻的宣传标语	

6.2 制订可行的针对性方案

全面深入地了解实习学校的校园文化建设,为在实习过程中思考如何在班级文化建设中渗透校园文化和学校的育人理念做铺垫。一个班级的文化是师生共同建构的精神财富,也是校园文化的组成部分,通过班级文化建设可以形成班集体凝聚力和良好的班风。许多小学的不同班级都会围绕学校的文化特色拟定不同的班名,同学们在实习的过程中可以充分发动全体学生,利用自己的教室,设计丰富多彩的文化形式,实现环境育人的目的。

班级文化建设实施方案思考

班级文化的主题	
班级文化建设的理念	
班级的四面墙壁如何布置体现"无声的导师角色"	
班级日常管理如何安排	
班风如何体现校园文化特色	
班级公约如何制定	

导航七　教育实习总结

全面总结实习过程　规范提交实习材料

7.1　教育实习总结

教育实习总结是指实习生在对各种教育教学实习活动回顾的基础上进行的总体反思。在实习过程中,同学们可能会意识到个人在理论知识、教学实践、班级管理能力等方面仍有提升的空间。通过对实习活动进行全面总结,有助于调整工作思路,提高教育实习效果,提升自己职后专业发展的能力。教育实习总结一般包括:回顾课堂教学、班主任工作、教研活动等,也可以描述印象深的事情,结合具体情况总结成绩和存在的问题,还可以将实习中遇到的困惑记下来,回校后和专业教师讨论。

7.2　教育实习成绩考核

一分耕耘,一分收获。教育实习成绩是由实习生所在学校的指导教师、实习小组和学院指导教师共同对实习生在实习期间表现的综合评价反馈。该评价可以帮助实习生明确自己的优势和不足,为实习生未来的从教生涯提供宝贵经验。

说明： 实习学校指导教师在为实习学生评定成绩时,可参照学生的师德师风、理论课程教学、实践课程教学、班主任工作等方面,评价标准可参考附件中的具体内容。

小学教育专业实习生师德师风考核参考标准细则

考核要素	考核指标	评价等级 A	B	C	D
思想修养与职业道德	1. 遵守国家法律政策，遵守实习学校纪律	遵守实习学校各项规章制度，团结友爱，没有出现任何违法违纪现象，受到学生和老师的一致好评。	遵守实习学校各项规章制度，团结友爱，没有出现任何违法违纪现象，受到学生和老师的欢迎。	基本遵守实习学校各项规章制度，没有出现大的违纪现象。	不遵守实习学校各项规章制度，有无故旷课、不请假私自离校情况。
	2. 具有良好的职业理想和敬业精神	热爱小学教育事业，积极参加学校的各种活动，表现突出，受到学生和老师的好评。	热爱小学教育事业，主动参加学校的各种活动，表现较突出，受到学生和老师的好评。	能参加学校的一些活动，表现较被动，基本完成规定的实习任务。	不参加学校开展的任何活动，或在活动中表现差，没有完成规定的实习任务。
		有较为规范的教案、PPT。	教案、PPT，书写、设计不够规范。	教案、PPT，存在较大缺陷。	仅有教材，照本宣科，随意解释。
以学生为本的理念	3. 树立育人为本、德育为先的理念，重视学生的全面发展	积极参与班级建设工作，主动要求担任班主任助理，主动承担学生社团管理工作，成绩突出，受到学生及家长的好评。	能参与班级建设，配合班主任开展工作，主动承担学生社团管理工作，表现较为突出，受到学生的好评。	能参加班级与学生社团活动，表现被动，基本完成指导教师交给的任务。	不参加班级与学生社团活动，或在活动中表现消极，不能完成指导教师交给的任务。
	4. 掌握有关小学生生存、发展和保护的法律法规及政策规定，并在教育实习中贯彻执行	积极参加学校有关学生生存、发展、安全等宣传教育活动，主动帮扶"困难"学生，具有爱心、耐心。	参加学校有关学生生存、发展、安全等宣传教育活动，主动帮扶"困难"学生，具有爱心、耐心。	对学校开展的有关学生生存发展、安全教育活动参加不积极，对"困难"学生缺乏耐心。	不参加学校开展的有关学生生存、发展、安全等宣传教育活动，不关心"困难"学生。
教育教学态度与行为	5. 严格遵守学校规定的教学规范和要求	教案、课件齐备、规范，教学目标明确，重难点突出，准时上下课，能根据不同学生认知特点科学设计课外练习和批改学生作业。	教案、课件齐备、规范，教学目标明确，重难点突出，准时上下课，规范布置课外练习和批改学生作业。	教案、课件齐备，下课有拖延现象，课外练习布置草率，批改学生作业简单。	教案、课件缺失，上课有迟到现象，下课有拖延情况，课外练习布置不当，学生作业批改不认真。

(续表)

考核要素	考核指标	评价等级			
		A	B	C	D
	6. 融课程教学与小学生思想品德培养为一体,做到教书与育人相结合	掌握小学教育教学的基本理论和小学生品行养成的特点、规律,融教学内容与小学生思想品德培养为一体,做到教书与育人相结合,效果好。	掌握小学教育教学的基本理论和小学生品行养成的特点,基本做到融教学内容与小学生思想品德培养为一体,效果较好。	了解小学教育教学的基本理论和小学生品行养成的要求,不注重教学内容与小学生思想品德培养相结合。	不能依据小学教育教学的基本理论和小学生品行养成的特点进行教学,教学效果差。
	7. 依据小学生身心发展规律,保护小学生的求知欲和好奇心,注重培养小学生的动手能力和探究精神	能根据不同学段学生的认知规律和不同教学内容,因材施教,激发学生的学习兴趣和探究兴趣,互动积极,课堂气氛活跃。	能根据不同学段学生的认知规律,做到因材施教,调动学生的学习兴趣和探究兴趣,课堂气氛较活跃。	不能做到因材施教,方法单调,问题设置较少,师生互动简单,没有合作探究,课堂气氛沉闷。	教学方法单一,不能以问题为导向引导学生学习,师生互动简单,没有合作探究,课堂气氛沉闷。
个人修养	8. 生活上乐观开朗、为人热情坦诚、谦虚诚信,富有爱心、责任心、耐心、细心和事业心	性格乐观阳光,对同事热情坦诚,积极向老教师拜师学习,教育教学责任心强,对学生有爱心,学生辅导耐心、细致,积极主动帮扶"困难"学生。	性格乐观开朗,工作团结合作,主动向老教师学习,教育教学责任心强,对学生有爱心,对学生辅导耐心、细致。	性格较开朗,工作上合作不主动,对学生辅导缺乏耐心,对"困难"学生的帮扶不积极。	生活态度消极,缺乏合作精神,对学生的辅导态度粗暴,对"困难"学生的求助不理不睬。
	9. 具有较高的品德修养、艺术品位和广泛兴趣	积极主动参与少先队各种活动和学校开展的各种文艺宣传和思想教育活动,并承担一定的任务,主动承担一门以上的体、音、美课程,教学效果好。	主动参与少先队各种活动和学校开展的各种文艺宣传和思想教育活动,并承担一定的任务,能承担一门以上的体、音、美课程,教学效果较好。	能按要求参与少先队活动和学校开展的各种文艺宣传和思想教育活动,能承担一门以上的体、音、美课程,完成教学任务。	不参与任何活动,对什么都不感兴趣。不能承担体、音、美课程教学。
	10. 衣着整洁得体,语言规范健康,举止文明礼貌	衣着整洁、大方、得体,语言文明,坚持讲普通话,注意个人卫生,积极主动打扫公共卫生,与同事、学生、家长交流沟通文明礼貌,深受同事、学生的喜爱。	衣着整洁、得体,语言文明,坚持讲普通话,注意个人卫生,能按规定打扫公共卫生,与同事、学生、家长交流沟通文明礼貌。	衣着追求华丽,只在课堂讲普通话,不注意个人卫生和公共卫生,与同事、学生、家长交流沟通语言粗鲁。	衣着邋遢或追求华丽,课上课下不讲普通话,个人卫生随意,与同事、学生、家长交流沟通语言粗鲁、傲慢。

教育实习师德师风考核表

学生姓名		在校年级、班级					
考核内容	考核依据	权重	评价等级				得分
			优	良	中	差	
职业思想道德修养	1. 遵守国家法律政策,遵守实习学校纪律。	12					
	2. 具有良好的职业理想和敬业精神。	12					
以学生为本理念	3. 树立育人为本、德育为先的理念,重视学生的全面发展。	10					
	4. 掌握有关小学生生存、发展和保护的法律法规及政策规定,并在教育实习中积极贯彻执行。	8					
教育教学态度与行为	5. 严格遵守学校规定的教学规范和要求。	10					
	6. 融课程教学与小学生思想品德、行为习惯培养为一体,做到教书与育人相结合。	12					
	7. 依据小学生身心发展规律,保护小学生的求知欲和好奇心,注重培养小学生的动手能力和探究精神。	12					
个人修养	8. 生活上乐观开朗,为人热情坦诚、谦虚诚信,富有爱心、责任心、耐心、细心和事业心。	10					
	9. 具有较高的品德修养、艺术品位和广泛兴趣。	8					
	10. 衣着整洁得体,语言规范健康,举止文明礼貌。	6					
考核总分		100					
存在的问题及改进建议							

(备注:"存在的问题及改进建议"一栏不能为空)

指导教师(签名):

实习学校(盖章):

年　　月　　日

教育实习理论基础学科教学考核标准细则

测评要素	测评指标	评价等级			
		A	B	C	D
教学态度	1. 尊重学生,治学严谨,严格遵守教学规范	教师语言文明,提前10分钟入班,正点讲课、下课,严肃纪律。	教师语言文明,铃响前入班,正点打开PPT,正点下课,过问纪律。	讲普通话,按时上、下课,对学生听课情况不闻不问。	不按时上课、下课,有不文明语言或对学生冷漠,敷衍情况。
	2. 情绪饱满,仪表端庄,注重教书育人	衣着整洁,声音响亮,富有激情,讲解中蕴含教育性。	衣着整洁,语言清晰,态度认真,讲解投入,但无特色。	衣着随意,语言平淡,泛泛而谈,无激情,无趣味。	衣着邋遢,口齿不清,声音低迷,使人昏昏欲睡。
	3. 教案、课件齐备、规范	有较为规范的教案、PPT。	教案、PPT,书写、设计不够规范。	教案、PPT,存在较大缺陷。	仅有教材,照本宣科,随意解释。
教学内容	4. 教学目标明确,教学环节设计清晰合理	准确把握教学目标,教学各环节清晰,衔接自然。	教学目标明确,教学各环节清晰,衔接较生硬。	教学目标不十分明确,教学环节有缺失,衔接生硬。	教学目标不明确,教学环节混乱,衔接生硬。
	5. 教学内容充实,语言表达清晰流畅,重点突出	教学内容充实,语言表达清晰流畅,富有感染力,重点突出。	教学内容充实,语言表达清晰,重点突出。	教学内容较充实,普通话不标准,语言表达不清晰。	教学内容空洞,语言表达混乱。
	6. 教学重难点突出,教学内容详略处理得当	教学重难点突出,能够紧扣教学重难点处理教学内容,详略得当。	教学重难点突出,能够紧扣教学重难点处理教学内容。	教学重难点较明确,不能够紧扣教学重难点处理教学内容。	教学重难点不明确,教学重内容混乱。
教学水平与方法	7. 能运用多种教学方法,注重启发学生的思维	能灵活运用多种教学方法,善于启发学生的思考,引导学生质疑,鼓励学生参与,引起学生共鸣。	传统教学方法运用娴熟,注意引导学生的思考,能引起学生求知欲望。	教学方法单调,不太注重对学生的引导,学生学习兴趣不高。	教学方法单一,一味照本宣科,不关心学生的学习情绪,学生学习兴趣不高。
	8. 注重学练结合、知识传授与能力培养相结合,注重学习方法的指导	教师的教与学生的练时间分配科学、合理,能通过各种问题培养学生的能力,注重学习方法的引导。	教师的教与学生的练时间分配合理,能通过问题培养学生的能力。	教师讲得多,学生练习时间少,问题设置起不到培养学生能力的目的。	教师满堂灌,缺乏问题导向,不关注学生的学习。

(续表)

测评要素	测评指标	评价等级			
		A	B	C	D
	9. 注重教学方法改革，能够实现师生互动，合作探究学习，课堂气氛活跃	注重引入翻转课堂等先进的教学方法，能够以问题为导向，实现师生互动，引导学生进行合作探究式自主学习，课堂气氛活跃。	教学方法较灵活，能够以问题为导向，进行师生互动学习，能引导学生进行一定的合作探究，课堂气氛较活跃。	教学方法单调，问题设置较少，师生互动简单，没有合作探究，课堂气氛沉闷。	教学方法单一，不能以问题为导向引导学生学习，师生互动简单，没有合作探究，课堂气氛沉闷。
	10. 课件、板书规范合理，能有效利用各种教学媒体	课件生动、板书规范、生动形象，能起到画龙点睛的作用，加深学生对学习内容的理解和认识。	课件、板书规范，能够满足教学需要，对教学起辅助作用。	课件或板书不规范，也不能紧扣教学内容和教学需要。	无课件、板书，或象征性几张PPT或在黑板上随便写几个字。
教学效果	11. 学生对学习内容能充分理解和掌握；学生相关能力得到培养和提高	学生普遍当堂掌握所学知识，并能初步运用所学知识解决相关问题。	多数学生掌握所学知识，部分学生能够初步运用所学知识解决问题。	多数学生仅记忆知识，但不会运用。	多数学生没有掌握和理解所学知识，也没有运用知识解决相关问题环节的教学。
	12. 学生学习积极性高，听课专心认真	抬头率100%，教与学融为一体，回答问题积极踊跃。	抬头率80%以上，学生基本配合教师教学。	抬头率60%以上，大部分学生间断性听课。	抬头率30%以下，大部分学生做与学习无关的事情。
	13. 学生满意度高	到课率100%，学生普遍表现喜爱该教师和该门课程。	到课率90%以上，对教师的教学基本满意。	到课率80%以上，学生对该教师态度淡漠。	到课率80%以下，对教师的教学极为不满。

教育实习理论基础学科教学能力考核表

第___周　星期___　　　　　　　　　　　　　　　　　　　　　第___节课

实习学生		学科名称		课程名称					
实习学校		授课班级		授课地点					

考核内容	评分依据	权重	评价等级				得分
			优	良	中	差	
教学态度	1. 尊重学生,治学严谨,严格遵守教学规范。	8					
	2. 情绪饱满,仪表端庄,注重教书育人。	8					
	3. 教案、课件齐备,规范。	4					
教学内容	4. 教学目标明确,教学环节设计清晰合理。	6					
	5. 教学内容充实,语言表达清晰流畅,重点突出。	12					
	6. 教学重难点突出,教学内容处理详略得当。	6					
教学水平与方法	7. 能综合运用多种教学方法,注重启发学生的思维。	12					
	8. 注重学练结合、知识传授与能力培养相结合,注重学习方法的引导。	12					
	9. 注重教学方法改革,能够实现师生互动、合作探究学习,课堂气氛活跃。	12					
	10. 课件、板书规范合理,能有效利用各种教学媒体。	4					
教学效果	11. 学生对学习内容能充分理解和掌握;学生相关能力得到培养和提高。	4					
	12. 学生学习积极性高,听课专心认真。	8					
	13. 学生满意度高。	4					
评价总分		100					

存在的问题及改进建议	

(备注:"存在的问题及改进建议"一栏不能为空)

指导教师(签名):

实习学校(盖章):

年　月　日

教育实习技能课程教学能力考核标准细则

测评要素	测评指标	评价等级			
		A	B	C	D
教学态度	1. 尊重学生，治学严谨，严格遵守教学规范	教师语言文明，提前10分钟到场、入班，正点上下课。	教师语言文明，铃响前到场、入班，正点下课，过问纪律。	讲普通话，按时上、下课，对学生学习情况不闻不问。	不按时上下课，有不文明语言或对学生冷漠、敷衍情况。
	2. 情绪饱满，仪表端庄，注重教书育人	衣着整洁，声音响亮，富有激情，讲解中蕴含教育性。	衣着整洁，语言清晰，态度认真，讲解投入，但无特色。	衣着随意，语言平淡，泛泛而谈，无激情，无趣味。	衣着邋遢，口齿不清，声音低迷，课堂气氛沉闷。
	3. 教案齐备规范，场地布置合理，教具到位	有较为规范的教案，提前布置学习训练场地，学习训练器械安排到位。	教案书写不够规范，学习训练场地布置周密，学习训练器械有漏洞。	教案存在较大缺陷，场地布置较随意，器械安排不到位。	没有教案，上课后才布置场地安排器械。
教学内容	4. 教学目标明确，教学环节设计清晰合理	准确把握教学目标，教学各环节清晰，衔接自然。	教学目标明确，教学各环节清晰，衔接较生硬。	教学目标不十分明确，教学环节有缺失，衔接生硬。	教学目标不明确，教学环节混乱，衔接生硬。
	5. 教学内容充实，语言表达清晰流畅，示范动作准确规范	教学内容充实，口令、语言表达清晰流畅，富有感染力，示范动作准确、规范。	教学内容充实，口令、语言表达清晰，示范动作较准确、规范。	教学内容较充实，口令不准确，语言表达不清晰，示范动作随意。	教学内容空洞，口令不准确，语言表达混乱，没有示范动作。
	6. 教学重点突出，组织安排科学，注重对学生练习的题指导、纠错	教学重点突出，学习、练习安排层次清晰，对学生练习中出现的问题能及时发现，并及时指导、纠错。	教学重点明确，学习、练习安排层次较清晰，能及时发现学生练习中存在的问题，并进行指导。	教学重点较明确，学习、练习安排较混乱，对学生练习中存在的问题能一般性指导。	教学重点不明确，学习、练习随意性大，对学生练习中存在的问题不管不问。
教学水平与方法	7. 熟练掌握各种教学器材的特点，注重对学生进行安全教育	熟练掌握各种教学器材的特点并进行熟练操作，在教学中注意对各种风险的提示，关注学生安全。	熟练掌握各种教学器材的特点并进行较规范的操作，并对学生进行安全教育。	对各种教学器材的特点有一点掌握，操作较规范。	不熟悉各种教学器材的特点，操作不规范，无安全风险应对措施。

(续表)

测评要素	测评指标	评价等级			
		A	B	C	D
	8. 能综合运用多种教学方法,注重学生技能的培养和提高	能对不同学生的特点和不同的教学内容,采用灵活教学方法,技能要点讲解清晰,示范、辅导到位。	能灵活采用多种教学方法进行教学,对技能要点讲解清楚,有示范、辅导。	教学方法较单一,对技能要点讲解存在漏洞,示范、辅导不到位。	不讲究教学方法,教学随意性大,对技能要点讲解不准确,没有示范和辅导。
	9. 注重学练结合、知识传授与能力培养相结合、重视练习方法的引导	学习内容讲解清晰,练习目的明确,学与练时间分配合理,注重学生对练习方法的理解和掌握的引导。	学习内容讲解清晰,练习目的明确,学与练时间分配较合理,对学生练习方法的理解和掌握有一点的引导。	学习内容讲解不清晰,没有明确的练习目的,对学生学习和练习缺乏明确的引导。	学习内容讲解混乱,没有明确的练习目的,对学生学习和练习放任随意。
	10. 注重教学方法改革,能够实现师生互动、合作探究,学生学习积极主动	能积极引入先进的教学和训练方法,实现师生互动,采用小组合作探究的方式进行学习和练习,学生积极主动。	能针对不同的教学内容采取不同的教学方法,能较好地采用师生互动、合作探究的方式进行学习和练习,学生积极性较高。	教学方法单调,师生互动简单,没有合作探究,学生学习兴趣不高。	教学方法简单,练习缺乏明确目的,师生互动简单,没有合作探究,学生学习、练习缺乏积极动性。
教学效果	11. 学生对学习内容能充分理解和掌握,学生相关能力得到培养和提高	学生普遍当堂掌握所学知识和技能,并能初步运用所学知识和技能完成练习任务。	多数学生掌握所学知识和技能,部分学生能够初步运用所学知识和技能完成练习任务。	多数学生仅记忆知识和技能要求,但不能运用所学知识和技能完成练习任务。	多数学生没有掌握所学知识和技能。
	12. 学生学习积极性高,学习、练习专心认真	学生参与率100%,教、学、练融为一体,练习积极踊跃。	学生参与率80%以上,学生基本配合学习、练习。	学生参与60%以上,大部分学生能间断性参与练习。	学生参与率30%以下,大部分学生不愿参与练习。
	13. 学生满意度高	参与率100%,学生普遍喜爱该教师和该门课程。	参与率90%以上,对教师的教学基本满意。	参与率80%以上,学生对该教师态度淡漠。	参与率80%以下,对教师的教学极为不满。

教育实习技能课教学能力考核表

第___周　星期___　　　　　　　　　　　　　　　　　　　　　第___节课

实习学生		学科名称		课程名称					
实习学校		授课班级		授课地点					
考核内容	评分依据				权重	评价等级			得分
						优	良	中	差	

考核内容	评分依据	权重	优	良	中	差	得分
教学态度	1. 尊重学生,治学严谨,严格遵守教学规范。	8					
	2. 情绪饱满,仪表端庄,注重教书育人。	8					
	3. 教案齐备、规范、场地布置合理、器械安排到位。	4					
教学内容	4. 教学目标明确,教学环节设计清晰合理。	6					
	5. 教学内容充实、口令、语言表达清晰流畅,示范动作准确、规范。	12					
	6. 教学重点突出,教学组织安排科学,注重对学生练习中出现的问题指导、纠错。	6					
教学水平与方法	7. 熟练掌握各种教学器材的特点,注重对学生进行安全教育。	4					
	8. 能综合运用多种教学方法,注重学生技能的培养和提高。	12					
	9. 注重学练结合、知识传授与能力培养相结合,注重练习方法的指导和掌握。	12					
	10. 注重教学方法改革,能够实现师生互动、合作探究学习,学生学习、练习积极主动。	12					
教学效果	11. 学生对学习内容能充分理解和掌握;学生相关能力得到培养和提高。	4					
	12. 学生学习积极性较高,学习、练习专心认真。	8					
	13. 学生满意度高。	4					
评价总分		100					
存在问题及改进建议							

（备注:"存在的问题及改进建议"一栏不能为空）

指导教师(签名):

实习学校(盖章):

年　月　日

教育实习总结

教育实习综合成绩登记表

类别	评定意见	成绩
实习学校指导教师综合评价	指导教师(签名) 学校(公章) 　　年　月　日	
学院指导教师综合评价	指导教师(签名) 　　年　月　日	
总成绩	实习学校(　　)×60％＝　　分 学院教师(　　)×40％＝　　分　　　总分： 　　总分数：　　　　核分人：	

备注：

1. 实习学校主要从师德师风、教育教学、班级管理、教研活动、教学反思、学校工作等方面考查实习生。

2. 学院教师主要从抽检学生实习情况、批阅实习资料等方面考查。